L'Astrologie
Naturelle

par

le C.te de Pagan

Paris, 1669,

I

329. 26.

♈
♃. 13. 28.
☽. 7. 55. 29.

1619. Augusti.

D. H. M.

♂ 27. 11. 34. P. M.

Ad Lat. 49.

LATITUDE DES PLANETES.

♄.	I.	26.	Meridionalis.
♃.	I.	34.	Meridionalis.
♂.	I.	4.	Meridionalis.
♀.	O.	27.	Septentrionalis.
☿.	O.	45.	Septentrionalis.
☽.	5.	4.	Septentrionalis.

Antisces & Mouvemens.

♄	8.	40.	♋	Vîte
♃	16.	22.	♍	Retrograde
♂	17.	13.	♒	Vîte
☉	25.	58.	♈	Tardif
♀	21.	44.	♉	Vîte
☿	11.	23.	♈	Très-vîte
☽	22.	5.	♍	Mediocre

Des directions de l'Ascendant.

A D

☐	☽	9.	32.		▽	☽	48.	31.
⊖	♄	12.	31.		☐	♂	55.	13.
▽	♂	15.	24.		▽	♃	56.	23.
✳	☿	22.	25.		♂	☉	84.	44.
♂	♀	48.	11.					

Les directions du milieu du Ciel.

A D

☍	☿. 20. 25.		□	♀. 66. 9.
□	♄. 22. 47.		☍	♂. 70. 32.
♂	☽. 35. 48.		▽	☿. 76. 43.
▽	♀. 38. 9.		⊖	♀. 79. 40.
⊖	☿. 41. 43.		▼	☉. 92. 37.
♂	♃. 43. 44.		✳	♀. 96. 41.
⊖	☉. 54. 48.		□	☿. 102. 48.
▽	☉. 62. 20.			

Les directions de la Lune.

A D

▽	☉. 22. 17.		♂	♄. 66. 7.
☍	♂. 29. 0.		□	☽. 83. 0.

a ij

EXPLICATION

DE

LA FIGVRE.

CETTE Figure Celeste que nous apelons communément Naiſſance, n'eſt autre choſé que la veritable Peinture ou repreſentation en petit volume de l'eſtat & diſpoſition du Ciel au temps de la naiſſance de la perſonne. Elle eſt diviſée en douze maiſons, occupées des douze ſignes du zodiaque : & les Planetes y ſont logez ſuivant les ſuputations des Tables Rudolphines, les meilleures de toutes les Aſtronomiques.

Elle a eſté premierement dreſſée pour l'année 1619. le vingtſettiéme jour d'Aouſt à onze heures & demye apres midy: Et puis corrigée & miſe à onze heures trente-quatre minutes, par la convenance de quelques effets arrivez, avecque les cauſes de quelques directions ſignalées. Mais comme il n'y a rien de plus important en la pratique de cette ſcience que la veritable connoiſ-ſance de la preciſion du temps: Ie me tiendray à cette derniere rectification, n'eſtimant pas la pouvoir reduire à plus grande iuſteſſe, par les difficultez qui naiſ-ſont ordinairement en ces rencontres.

Ainſi ne pouvant apporter pour le preſent autre remede à ces obſtacles, ie paſſeray aux iugemens Aſtrologiques de cette Figure Celeſte, conformément aux preceptes les plus exquis de la ſcience. Avec cette incertitude pour-

tant (par le doute de l'heure pré-
ciſe) de la veritable ſituation de
Saturne , Planete tres important:
lequel ne ſe trouvant éloigné de
l'Aſcendant, à raiſon de ſa latitude meridionale, que de ſix degrez
de l'Equateur, me met en peine
de ſçavoir bien certainement, s'il
eſt ou dans la premiere ou dans la
douziéme, maiſons de tres-con-
traire ſignification, & de nature
tres diſſemblable.

Ce que toutesfois eſſayant d'é-
claircir le mieux qu'il me ſera
poſſible , ie commenceray à remarquer par ordre les principales
ſignifications & grandes promeſſes de cette naiſſance, ſans conſiderer les actions des Aſtres & du
Ciel, que comme des cauſes ſecondes , naturelles & ſuperieures, agiſſants ſur nos corps par
l'alteration qu'elles apportent
aux Elemens, ſur nos Eſprits, par

l'affinité des qualitez de la matiere ; & ſur nos fortunes, par une
ſecrette influence à nous incon-
nuë.

Du Temperament.

Le Temperament n'eſt autre
choſe que le mélange des qualitez naturelles, & des humeurs
elementaires : formant la bonne
ou la mauvaiſe conſtitution des
corps. Mais quoique la nature
de cette complexion ſuive ordinairement celle des Parens, & de
la nourriture des premieres années de la vie : les Aſtres ne laiſſent pas d'y contribuer beaucoup
par leurs qualitez & par leurs influences.

Et venant aux particulieres ſignifications de cette naiſſance,
j'eſtime que le Temperament de
cette Illuſtre Princeſſe doit eſtre
ſanguin, tirant ſur le melancoli-

que. Mélange ſi heureux & complexion ſi avantageuſe, que ſuivant l'opinion des plus grands
Philoſophes, il ne s'en peut ſou-
haitter une plus parfaite ; ſoit
pour la beauté & la bonne diſpoſition du corps, ſoit pour les bonnes mœurs, l'excellence de l'eſprit, & la perfection de l'ame.

Les coniectures s'en tirent, premierement pour le Temperament ſanguin des Gemeaux & de
l'Ecreviſſe en l'Aſcendant, & de
la Lune dans le Bellier pleine de
lumiere, iointe à Iupiter, & au
Trine partil de Venus. Signes &
Planetes doüez de chaleur ou
d'humidité, ou de ces deux qualitez enſemble. Et pour le melancolique en ſecond lieu, de Mercure ſeigneur de la pointe de la
premiere maiſon, dans la Vierge,
ſans aſpects d'autre Planete ; & de
Saturne proche de l'Aſcendant,

à raiſon de leurs qualitez froides
& ſeiches.

De la Beauté.

La Beauté eſt le don le plus a-
vantageux que les Dames puiſ-
ſent avoir ; leur empire en eſt plus
ſouverain , & leur puiſſance
moins tyranique par le conſente-
ment univerſel de tous les cœurs.
Les indices s'en tirent icy de meſme que ceux du Temperament;
à ſçavoir de l'Aſcendant, de ſon
Seigneur , de la Lune , & des Planetes qui les regardent. De ſorte
que ſi nous voulons conſiderer les
cauſes qui s'en treuvent en cette
Naiſſance , nous les marquerons
entierement conformes à l'éclat
de cette Illuſtre Princeſſe. Car les
Gemeaux en la pointe de l'Aſcédant, ſans mauvais aſpeột des Planetes ; Mercure dans la Vierge

loing des rayons du Soleil, & la
Lune ſur la terre de nuiƈt, pleine
de lumiere, & jointe à Iupiter,
denotent une tres-rare & tres-
parfaite béauté, la taille avantageuſe, la preſence admirable, la
blancheur du teint ſans égale, les
cheveux blonds, & l'embonpoint
en toute la perſonne.

Outre ces merveilleuſes mar-
ques tirées de l'heureuſe diſpoſition de ces trois ſignificateurs, les
favorables aſpeƈts des autres Planetes, rendent encore cette beauté plus acomplie : & luy donnent
des qualitez tres-convenables au
rang & à la dignité de la perſonne. Car de la conjonƈtion de Iupiter à la Lune procedent la douceur, la modeſtie, la gayeté & la
bien-ſeance. De la Lune au trine
partil de Venus, & de Venus en
aſpeƈt de Mars : les charmes, les
attraits, la bonne grace & l'agrea-

ble diſpoſition aux honneſtes e-
xercices. De Mercure Seigneur
de l'Aſcédant à l'antiſce de Iupiter, & tres-heureuſement conſti-
tué en cette naiſſance, la vivacité,
& la gentilleſſe : Et de Saturne
proche de l'Aſcédant en ſa triplicité, vîte en ſon mouvement,
oriental, & loing des rayons du
Soleil : la Severité, la Triſteſſe,
& la Gravité maieſtueſſe ; &
quelquefois la Palleur, à raiſon
de la froide nature de ce Planete,
temperant l'exceſſive couleur qui
pourroit arriver au viſage de la
Perſonne par l'abondance du
ſang, provenant des Gemeaux à
l'Aſcendant & de la conjonſtion
de Iupiter à la Lune.

De la Santé.

Les Significateurs de la Santé
ſont les meſmes que ceux du

Temperament, de la Beauté &
de la bonne complexion du
corps : Tellement que ſans parler
davantage de leur puiſſante &
bonne diſpoſition en cette figure,
je puis conclure que la Santé de
cette Illuſtre Princeſſe, ſera toû-
iours tres-parfaite, de longue
durée, & ſujette à peu de maladies. Car l'heureuſe & la forte
conſtitution de la Lune en cette
naiſſance, dénote la puiſſance des
facultez, vegetative & ſenſitive:
les Gemeaux en l'Aſcendant, &
Iupiter conioint à la Lune ; l'a-
bondance du ſang, l'heureuſe
compoſition des humeurs, & les
bons principes des facultez naturelles, par la bonne diſpoſition
des parties nobles. Le Soleil dans
un angle heureux par la felicité
de Mercure ſon diſpoſiteur, &
loing des mauvais aſpects des Planetes infortunez : la force & la vi-

gueur des esprits qui conservent
la vie. Et Saturne peu éloigné de
l'Ascendant, fortifié des prero-
gatives déja dites ; la fermeté des
parties solides du corps, la durée
de la santé, la puissance de l'humeur mélancolique, & de toutes
les parties qui en dépendent.
Mais comme les plus parfaites
santez sont quelquefois alterées
par l'abondance des humeurs, ou
par l'excés d'une trop bonne
complexion : cette Illustre Princesse en doit prévenir les incon-
veniens par sa prudence, en mo-
derant par un doux regime de
vivre, l'abondance du sang, si-
gnifiée par la conjonction de la
Lune à Jupiter, & par réjoüissan-
ces & autres honnestes divertisse-
méns, l'excés de la melancolie,
causée par le voisinage de Saturne à l'Ascendant.

Des Mœurs.

Quoique les bonnes & les mauvaises mœurs dépendent abſolument d'une volonté libre & ſans contrainte : les Philoſophes & les Theologiens ne laiſſent pas de les attribuer en partie aux cauſes naturelles, ſoit prochaines comme du Temperament, ſoit éloignées comme des Aſtres. Elles ſont conſiderées dans le mélange des paſſions de l'ame naturelle & des inclinations de l'ame ſuperieure : d'où naiſſent les vertus & les vices, ſelon la force ou la foibleſſe de l'une & de l'autre de ces deux parties. Et ſi nous en recherchons les cauſes en cette naiſſance, nous les trouverons entierement conformes aux belles qualitez de l'ame de cette Illuſtre Princeſſe, à ſa grande reputation, & à ſa bonne renommée.

La Lune préſide ſur l'ame inferieure, Mercure ſur la ſuperieure, & par leur convenance en cette figure (eſtans ces deux Planetes ſeigneurs de l'Aſcendant & en antiſce l'un de l'autre) : Ils promettent une douce & paiſible intelligence entre l'ame & le corps, entre la raiſon & les inclinations; & peu de reſiſtance du coſté des paſſions naturelles par la forte conſtitution de Mercure, Seigneur de la pointe de la premiere maiſon.

Les conjectures des autres diſpoſitions aux habitudes des vertus ſe tirent encore du mélange des regles ſuivantes. La Lune & Iupiter conioints dans un ſigne de Mars,& en la onziéme, Dignifiez dans la premiere, ſeconde & dixiéme maiſon, au trine de Venus, heureuſement diſpoſez, & ſans mauvais aſpect des Planetes

infortunez, inclinent à la bonté, à
la douceur, au repos, à la ſageſſe,
& à la modeſtie, donnent le courage, l'ambition & le deſir de
gloire, & font la perſonne hon-
neſte, vertueuſe, prudente & li-
berale, aimant la converſation,
les divertiſſemens, la propreté &
la magnificence.

Mercure, Seigneur de la pointe
de l'Aſcendant ſous la terre, en la
Vierge, & au ſeul aſpect de Saturne ; & Saturne proche de l'angle Oriental, ſeigneur du milieu
du Ciel, ſans regard des autres
Planetes, tous deux heureuſement diſpoſez, & puiſſants en
cette figure : portent à la prudence, à la ſeverité, à la conſtance, à
la ſolitude & au ſilence ; & rendent la perſonne grave en ſes a-
ctions, ferme en ſes deſſeins,
couverte en ſes penſées, curieuſe des ſecrets, cupide des honneurs

neurs & capable des grandes
choſes.

Mars en ſes dignitez, & Venus
dans le Lion ſigne du Soleil, tous
deux ſans aſpect & ſans pouvoir,
ny dans la premiere maiſon, ny
dans la deuxiéme, ny meſme aux
lieux de Saturne & de Mercure
puiſſans en l'Aſcendant: ne cho-
quent point ny la vertu ny la pu-
deur naturelle de cette Dame, &
ne troublent point ſes honeſtes
inclinations déja remarquées par
la licence & les libertez qu'ils apportent ordinairement dans les
mœurs quand ils ſont mélangez
avec les principaux ſignificateurs
de la figure.

La Lune conjointe à Iupiter,
rend en quelque façon la perſonne inſenſible, Saturne proche de
l'Aſcendant, mépriſante; & Mercure, comme il eſt icy configuré,
dédaigneuſe: d'où viennent en

cette Illuſtre Princeſſe les appa-
rences de préſumer de ſa beauté,
de ſon eſprit & de ſa fortune, de
deſiter les honneurs, les reſpects
& les ſoins, & d'avoir peu d'amitié & beaucoup d'indiference. Et
certes avecque raiſon, fondée ſur
la connoiſſance de tant de Vertus
& de tant de merites.

Mars dans un ſigne fixe & ſans
commerce avec les principaux ſignificateurs des mœurs. Saturne
proche de l'angle d'Orient ſans
regard des Planetes benins, &
Mercure ſeigneur de l'Aſcédant
au ſeul quarré de Saturne, émeu-
vent dificilement la colere, font
durer les reſſentimens, & rendent
la perſonne ſenſible aux déplaiſirs & aux choſes fâcheuſes.

Et finalement l'heureuſe conionction de la Lune à Iupiter, diſpoſiteur en partie de la premiere
& dixiéme maiſon; la bonne diſ-

poſition de Saturne, ſeigneur du milieu du Ciel & de la neuviéme; la preſence de Venus en la troi-ſiéme dans les dignitez du Soleil; & la Lune, l'Aſcendant, & Mer-cure ſon Seigneur, ſans aſpect de Mars : inclinent à la Pieté, à la Religion, à la bonne conſcience, & au reſpect des choſes ſaintes & ſacrées; mais ſans foibleſſe & ſans ſuperſtition, par la forte conſtitu-tion de Mercure, ſeigneur de la pointe de l'Aſcendant, & en aſ-pect ſeulement de Saturne.

De l'Eſprit.

La connoiſſance des bonnes qualitez de l'eſprit s'aquiert auſſi dans la recherche des meſmes cauſes naturelles : car bien que ſon eſſence ſoit purement intel-lectuelle, il ne peut agir toutefois ſans le miniſtere des ſens corpo-

rels , ny sans les organes materiels
necessaires à son usage. Tellement que sans parler des avantages que l'esprit de cette Illustre
Prir. esse reçoit (suivant mes pre-
cedantes remarques) de son temperament sanguin tirant sur le
melancolique , ie passeray en la
consideration des influences du
Ciel si favorables à son entendement incomparable.

Mercure est le principal signi-
ficateur de l'Esprit; en second lieu
la Lune par le pouvoir qu'elle a
sur le cerveau, siege de l'ame rai-
sonable ; & puis Saturne, Pere de
la contemplation , lesquels estans
bien ou mal disposez, infortunez
ou favorisez par les autres Planetes & configurez ou sans mélange avec l'Ascédant son seigneur,
le milieu du Ciel , & la Lune,
produisent les admirables diver-
sitez que nous voyons avec éton-

nement dans les actions les plus
nobles des hommes.

Venant donc aux particulieres
significations de cette naissance,
j'estime que le grand Esprit de
cette Illustre Princesse doit estre
jugé par le mélange de ces avan-
tageuses remarques.

Les Gemeaux en la pointe de
l'Ascendant, & Mercure son dispositeur dans la Vierge, en ses dignitez essentielles, dans un angle, vîte en son mouvement,
loing des rayons, & Occidental
du Soleil, & en aspect de Iupiter
& de Saturne: rendent l'esprit excellent, subtil, intelligent, &
propre aux sciences, heureux à
penetrer, à discerner, & à juger
de toutes choses, curieux des belles & secrettes connoissances, &
prudent & dissimulé en toute sa
conduitte.

La Lune, Dame en partie de l'Ascendant, pleine de lumiere dans la onziéme, iointe à Iupiter & au trine partil de Venus; le fait encore excellent, docile, prudent & ſincere, heureux en ſes conſeils & de bonne renommée. Et Saturne ſeigneur du milieu du Ciel proche de l'Aſcendant dans les Gemeaux, ſigne de Mercure, en ſa triplicité, vîte en ſon mouvement, Oriental & loing des rayons du Soleil : ferme, ſolide, penetrant, couvert & prevoyant, profond en ſes penſées, & conſtant en ſes opinions.

Ces belles & rares configurations marquent encore un iudicieux entendement, une heureuſe memoire, une prompte imagination, & rendroient la perſonne capable des choſes les plus grandes & les plus relevées : ſi la condition de ſon ſexe, la conionction de la Lune à Iupiter, & la ſituation de Mercure ſous la terre au quarré de Saturne, ne la rete-noyent dans les bornes d'une ambition plus moderée, & dans les termes d'une activité moins écla-tante.

De la Fortune en general.

Nous comprenons dans ce nom general de Fortune tous les acci-dens bons & mauvais qui nous arrivent du côté des choſes exte-rieuſes : par leſquels la vie eſt communément dite heureuſe ou malheureuſe, en chacun ſelon la portée de ſa condition & de ſa naiſſance. Car nous n'apelons point un Roy heureux pour eſtre né Roy, ny un marchand mal-heureux pour eſtre né marchand: mais heureux ou malheureux ſe-lon les bons & les mauvais éve-nemens qui arrivent ; au Roy dans le gouvernement de ſon Etat, & au marchand dans la conduite de ſes affaires. Et parce que tout ce qui eſt en uſage parmy les hommes, ou qui tombe en la puiſſance de leur action, ne ſont que des effects ordinairement produits de l'art & de la nature: les Philoſophes en recherchent auſſi la connoiſſance dans les cauſes ſecondes, naturelles & ſuperieures.

La premiere regle qu'ils en donnent, eſt de conſiderer l'univerſelle diſpoſition de la figure Celeſte: pour en tirer les coniectures du bonheur ou du malheur en general, & de la force ou de la foibleſſe de toutes les parties de la naiſſance. Mais comme il eſt tres-difficile tant par les diverſes qualitez des Planetes, des aſpects, & des maiſons; que par tant de variables & perpetuels mouvemens,

mens, de trouver des figures en-
tiérement bonnes ou entiére-
ment mauvaifes : il ne fe voit que
rarement de belle vie fans traver-
fes, ny de grande infortune fans
quelque efpece de confolation.

Venant donc à ces premieres &
generales fignifications par la cu-
rieufe recherche de l'état des
Planetes & des maifons de la figure : j'eftime que le cours de la
vie de cette Illuftre Princeffe doit
eftre long, heureux & remarqua-
ble, plein de repos, de contentement & de fatisfaction, & com-
blé d'honneur, de gloire & de
fuccés avantageux à fa fortune.
Par la bonne difpofition

De Saturne dans les Gemeaux,
fur la Terre, en fa triplicité, direct, vîte en fon mouvement,
Oriental, loin du Soleil, & fans
afpect de Mars.

De Iupiter fur la Terre, en fa

triplicité, dans la onzième, en bon aſpect de Venus & de Mercure, hors des rayons & libre des mauvais regards des Infortunes.

De Mars en ſa maiſon, en ſa triplicité, dans la cinquiéme, en aſpect de Venus, libre des rayons du Soleil, & des mauvais regards de Saturne.

Du Soleil, dans un Angle, en la quatriême maiſon, exemt des mauvais rayons des Planêtes maleſiques, Saturne & Mars, & dans les dignitez de Mercure ſon diſpoſiteur puiſſant en la figure.

De Venus, en la troiſiême, dans les dignitez du Soleil, vîte en ſon mouvement, loin des rayons, & en bon aſpect de Iupiter.

De Mercure, en ſes dignitez eſſentielles de maiſons, & d'exaltation, dans un Angle, Occidental, direct, tres vîte en ſon

mouvement , & à l'Antisce de
Iupiter.

De la Lune luminaire du temps,
sur la terre , de nuit pleine de lumiere , appliquant à la favorable
conjonction de Iupiter , & au trine partil de Venus Planetes benefiques, dans la onziême maison, libre de combustion & des
regards des Infortunes, & Mars
son dispositeur en ses dignitez
essentielles.

Et du neud ascendant de la
Lune dans un Angle de la figure.

De la premiére Maison ou Ascendant , sous la puissance de
Mercure , de la Lune, & de Iupiter, Seigneurs des Gemeaux &
de l'Ecrevisse qui est très puissan-
te en cette Naissance.

De la dixiéme en partie , & de
la seconde , sous la domination
de Iupiter , de Venus , & de la
Lune.

«De la ſettiéme, à raiſon du neud
Boreal, & du ſagitaire ſigne de
Iupiter qui en ocupe la pointe.

De la onziéme, trés avantageu-
ſement favoriſée par le ſigne des
poiſſons, dignité des benefiques:
& par la belle conjonction de la
Lune à Iupiter, au trine aſpect de
Venus.

De la troiſiéme & de la quatriéme, ſous la puiſſance du Soleil,
& en partie de Mercure; & favo-
riſées par la preſence de Venus
& de ces deux Planetes fortunez.

Et de la cinquiéme, ſous la domination de Mercure, puiſſant
dans un angle & de Mars en ſes
dignitez eſſentielles.

Tous leſquels avantages promettent encore à cette Illuſtre
Princeſſe, une grande, longue &
ample Fortune, & beaucoup au
deſſus de ſon rang: ſans autres
traverſes que les impuiſſantes op-

poſitions & inutiles retardemens, cauſez quelquefois par Saturne aux Gemeaux, dans la douziéme maiſon, Seigneur du milieu du Ciel, de la huitiéme, & de la neuviéme par Mercure diſpoſiteur de l'Aſcendant, ſous la terre, appliquant à l'aſpect quarré de Saturne. Par la partie de fortune dans la huitiéme au ſigne du verſeau ; & par le neud auſtral de la Lune dans la premiére maiſon.

Mais des obſtacles ſi foibles contre tant de belles & grandes ſignifications, ne peuvent apporter que de legers empéchemens : Puis que la ſeule conjonction de la Lune à Iupiter n'eſt que trop ſuffiſante pour en vaincre les difficultez, & donner des ſuccez avantageux en toute ſorte de rencontres.

Des Richeſſes.

Les premiers biens qui nous viennent du coſté des choſes exterieures ſont les Richeſſes, puis qu'elles ſont également neceſſai. res, & à la conſervation & à la felicité de la vie. Les ſignifications s'en tirent de la ſeconde maiſon, parce qu'elle ſuit immediatement la premiere, de Iupiter le plus favorable de tous les Planetes; & de la Lune par le pouvoir qu'elle a generalement ſur tout ce qui nous regarde, tellement que ſans parler davantage des raiſons de tant de longues experiences, i'expoſeray en cét endroit, les grandes & les belles promeſſes du Ciel, en faveur des Richeſſes de cette Illuſtre Perſonne.

La ſeconde maiſon ſans mau-

vais regard des Planetes malins
au ſextil aſpect de Mercure Seigneur de l'Aſcendant, & ſous la
puiſſance de la Lune, & de Iupiter conjoints & heureuſement
diſpoſez. Iupiter ſur la terre, en
ſa triplicité dans la onziéme, Seigneur en partie de la dixiéme &
de la ſeconde, exalté dans la premiere, en bon aſpect de Mercure
& de la Lune Seigneurs de l'Aſcédant, au trine de Venus libre de
combuſtion & des mauvais rayõs
des Planetes infortunez. La Lune ſur la terre dans la onziéme
maiſon, plene de lumiere appliquant à Iupiter & au trine de Venus, ſans aſpect des maleſiques,
Dame de la ſeconde, & en partie
de l'Aſcendant, & Mars diſpoſiteur de la Lune & de Iupiter,
dans la cinquiéme & en ſes dignitez eſſentielles. Promettent
une libre & longue poſſeſſion des

biens naturellement acquis, donnent de grandes & abondantes
Richeſſes, marquent un perpe-
tuel accroiſſement des moyens,
& font eſperer une continuelle
affluence de toutes choſes.

Ils ſignifient encore la magnificence des ameublemens, la
pompe de la dépence, le brillant
éclat des ornemens, & la Richeſſe de la parure. Et certes avec excez, mais Saturne Seigneur du
milieu du Ciel dans la douziéme
maiſon proche de l'angle Oriental, & Mercure Seigneur de l'Aſcendant ſous la terre & en mauvais aſpect de Saturne, tous deux
ſans regard des Planetes fortunez: en retranchent les ſuperflui-
tez par une loüable moderation,
& par une prudente Oecono-
mie.

Enfin Iupiter Seigneur de la
pointe de la ſettiéme, & dans la

onziéme maiſon, montre que
ces grandes Richeſſes viendront
en partie du côté du mariage, &
la puiſſante diſpoſition de la Lune Dame de la ſeconde, auſſi
dans la onziéme ; par la faveur &
la bienveillance des Reines &
des grandes Princeſſes.

Des heritages.

Les autres biens apres les Richeſſes ſont les ſtables & permanens, comme heritages, poſſeſ-
ſions, domaines, & patrimoines,
ſignifiez par la quatriéme maiſon,
parce qu'elle eſt la partie du Ciel
la plus profonde ſous la terre.
Son heureuſe diſpoſition eſt ſinguliére en cette figure, & ſes a-
vantageuſes faveurs ſe con-
noiſſent dans les regles ſuivantes.

Les Seigneurs de la quatriéme

maison & leurs dispositeurs dans
la quatriéme ; comme aussi le
Lion & la Vierge signes solaire, &
terrestre, le Soleil en la Vierge,
dans l'angle de la terre, Seigneur
de la Pointe de la mesme maison,
heureux par la felicité de Mercure son dispositeur, & sans mauvais regard des Infortunes : Et
Mercure Seigneur de l'Ascendant du Soleil & de la quatriéme
dans le mesme Angle, en ses dignitez essentielles, Occidental,
vîte en son mouvement, libre des
combustions, & à l'Antisce de
Iupiter ; promettent à cette Illustre Princesse des amples Domaines, de grands heritages, de longues étenduës de terre, & la pos-
session de plusieurs villes, Châ-
teaux & Palais magnifiques.

Ils dénotent aussi l'amour que
cette belle ame aura quelquefois,
pour la beauté des bâtimens,

pour l'embelliſſement des iar-
dins, pour la ſolitude de la cam-
pagne, & pour les agréables ſoins
de l'Agriculture.

Mais comme le Soleil autheur
de ces belles promeſſes eſt le
principal ſignificateur des maris
en la Naiſſance des Dames; &
que Mercure ſe trouve icy Seigneur de l'Aſcendant; les favorables effets en doivent arriver
en partie dans le bon-heur du
mariage, où pour la conſideration des propres merites de la
perſone.

Des Honneurs.

Les plus beaux preſens de la
fortune aprês les biens, ſont les
honneurs, les dignitez, & la gloire.

Les conjectures s'en tirent en
cette ſcience de la dixiéme mai-

ſon pour eſtre la plus élevée ſur
la terre, d'où vient qu'elle eſt encore apellée l'angle du milieu
du Ciel; de la bonne diſpoſition
du Soleil, pour l'éclat & la grande lumiere de ce Planete incomparable, & de l'état de la Lune
par le bon-heur ou mal heur qu'-
elle aporte dans les actions & en
la renommée, ſelon ſa favorable
ou mauvaiſe ſituation. De ſorte
que ſans m'arreſter davantage
aux diſcours du Principe par
nous étably en cét ouvrage ſur le
ſujet de la fortune en général, ie
rechercheray maintenant ce que
le Ciel promet de plus avantageux à cette Illuſtre Princeſſe en
ce rencontre.

Saturne Seigneur du milieu du
Ciel, & proche de l'angle d'O-
rient à raiſon de ſa latitude meridionale, en ſa triplicité, vîte en
ſon mouvement, loin des rayõs

& Oriental du Soleil , promet
des honeurs permanens & de
l'authorité dans le monde; mais
avec du retardement & de la moderation par la ſituation de ce
Planete dans la douziéme maiſon
de la figure. Il denote auſſi que
les actions de cette Illuſtre Princeſſe ſeront ſeveres , & ſon Empire quelquefois rigoureux.

Iupiter Seigneur en partie de la
dixiéme maiſon , en ſa triplicité ,
ſur la terre , dans la onziéme , libre de combuſtion, & des regards
des Infortunes, au trine de Venus,
exaltée dans le milieu du Ciel,
ioint à la Lune & en Antiſce de
Mercure Seigneur de l'Aſcendant, donne de grands honeurs,
des amples dignitez , des illuſtres
emplois & une puiſſance de longue durée, accompagnée de moderation & de Iuſtice. Il marque
auſſi le bon-heur continuel dans

les actions, la prudence & la ſageſſe dans les conſeils, la bonne
reputation & l'eſtime de tout le
monde.

Le Soleil dans un angle, ſans
mauvais aſpect des malefiques, &
dans les dignitez de Mercure Seigneur de l'Aſcendant, & puiſſant
en cette naiſſance rend la perſone illuſtre & recommandable,
ſans contribuer toutesfois de
beaucoup à ſes dignitez, pour être
ce Planete directement oppoſé à
l'angle du milieu du Ciel, au-
quel il eſt peu favorable : à raiſon
du ſigne du verſeau, contraire à
ſes dignitez eſſentielles.

Et la Lune plene de lumiére
ſur la terre, de nuit, jointe à Iupiter Seigneur de la dixiéme, au trine de Venus, loin des rayons du
Soleil, ſans regard des Infortunes, & Mars ſon diſpoſiteur bien
diſpoſé : Promet un continuel

bon-heur dans les actions & dans les ſuccez des choſes entrepriſes, élêve dans les honeurs, les dignitez, & les emplois, porte dans les grandes negociations, & dans les intrigues des affaires les plus importantes ; & donne par un favorable applaudiſſement, & par une publique aprobation, le grãd éclat de la reputation & de la renommée.

Du mélange deſquelles ſignifications, on peut tirer des indices tres avantageux pour les honeurs, les dignitez & la gloire de cette Illuſtre Princeſſe, conformément à la condition de ſon ſêxe & beaucoup au deſſus du rang de ſa naiſſance.

Des Amis.

Rien ne ſe pouvant executer ſans l'entremiſe des hommes, les

Rois, & les Princes les plus puiſſans ne ſçauroient même ſe paſ-
ſer des bons offices de leurs amis,
ny de l'aſſiſtance & fidelité des
perſonnes qui leur ſont les plus
affectionnées. D'où vient que l'u-
ne des plus conſiderables maiſons
de la figure eſt la or ziéme : du
bon-heur ou du malheur de la-
quelle ſe tirent les conjectures
des favorables ou des mauvaiſes
amitiez.

Examinant donc en cette Naiſſance quelle eſt ſon influence ſur
un ſujet ſi important à la conſola-
tion de la vie, & pour la fortune
du monde, nous en viendrons
aux regles ſuivantes.

La Lune, Dame de l'Aſcen-
dant, en la onziéme, forte & puiſſante à raiſon de ſa bonne diſpoſition dêja tant de fois remar-
quée : Promet à cette Illuſtre
Princeſſe l'affection, la faveur, &
l'ami-

l'amitié des Reines, des grandes Princeſſes, des Dames de condition, & de la populace dont les factions ſont quelquefois avantageuſes.

Iupiter dans la maiſon des amis, diſpoſiteur du milieu du Ciel & de la pointe de la onziéme, en favorable aſpect des Seigneurs de l'Aſcendant, puiſſant en la figure par tant de prérogatives dêja mentionées & dans un ſigne de Mars ; denote l'affection, la fidelité & la ſervitude d'un grand nombre de perſones de condition, d'authorité, de courage, de prudence, & de merite. Et fait eſperer la protection des Rois, & des puiſſances ſouveraines.

Venus dans le Lion, en la troiſiéme, au trine partil de la Lune & de Iupiter, & dignifiée dans les poiſſons, & le Taureau ſignes de la onziéme maiſon : marque

l'amitié, les devoirs & la complaiſance d'une infinité de ieunes &
belles Dames dont la douceur &
la converſation ne ſeront pas
moins agréables à cette Illuſtre
Princeſſe, que les offices avantageux de ſes autres Partiſans,
en faveur de ſa gloire, de ſa gran-
deur, & de ſa fortune.

Et enfin Mars Seigneur en partie de la onziéme maiſon, & de
la belle conjonction de la Lune
& de Iupiter, & Mercure diſpoſiteur de l'Aſcendant, tous deux
en leurs dignitez eſſentielles,
puiſſans & en de bons lieux de la
figure, ſignifient encore, l'eſtime, le reſpect, & l'obeïſſance
des hommes de grand cœur & de
grand eſprit, genereux, fideles
& intrepides.

Du Mariage.

Les ſignifications du Mariage ſe tirent de la ſettiéme maiſon, Angle Occidental de la figure : & puis du Soleil en la Naiſ-ſance des Dames comme de la Lune en celle des hommes. Et parce qu'en cét endroit, le Ciel n'eſt pas moins favorable qu'ail-leurs; nous verrons icy tout d'une ſuite la convenance des cauſes ſuperieures avec les beaux effets déja ſurvenus, & la continuation du même bon-heur que cette Il-luſtre Princeſſe en doit attendre.

Iupiter Seigneur de la pointe de la ſettiéme, en ſa triplicité, ſur la terre, au trine de Venus, libre de combuſtion & des re-gards des malefiques, dignifié dans la premiére, ioint à la Lune & à l'Antiſce de Mercure, diſ-

poſiteurs de l'Aſcendant. Le Soleil dans un angle au trine partil
de la ſettiéme maiſon, & au ſextil de la premiére dans les dignitez de Mercure Seigneur de
l'Aſcendant. Et Saturne Seigneur de la ſettiéme en partie,
proche de l'Angle Oriental puiſſant en cette naiſſance, diſpoſiteur du milieu du Ciel, & de la
neuviéme maiſon : denotent l'effet infaillible d'un grand & heureux mariage ; mais avec un peu
de retardement & de difficulté ;
à raiſon de la peſanteur de Saturne & de ſon Quarré à Mercure
Seigneur de l'Aſcendant.

Ces trois Planetes ainſi diſpoſez en cette figure, peuvent encore ſignifier plus d'un mariage,
ſi les inclinations de la perſone
n'y repugnent, ou que la bonne
Naiſſance du mary plus forte
pour luy que toute autre cauſe
n'y ſoit contraire.

Quant aux grandes & belles
qualitez du mary, elles ſe conoiſ-
ſent en cette maniére. Le Soleil
dans un angle, le marque illuſtre & de condition ; dans la
Vierge, ſpirituel & prudent ; en
ſextil de Mars, vaillant & genereux ; & dans la quatriéme avec
Mercure ſon diſpoſiteur, puiſſant en domaine & en heritages.

Iupiter dans un ſigne de Mars
le dénote honeſte, courageux &
magnanime ; en Antiſce de Mercure ioint à la Lune, ſage, intelligent, & raiſonable ; au trine de
Venus affable, civil & complai-
ſant : Seigneur en partie de la ſeconde. Riche, liberal, & magni-
fique : diſpoſiteur de la dixiéme,
grand en nobleſſe & en dignitez
politiques & militaires : & dans la
onziéme conjoint à la Lune,
puiſſant par un grand nombre
d'amis, non moins conſiderables

par leur authorité que par leurs
Naiſſances.

Et Saturne Seigneur du milieu
du Ciel, & de la neuviéme maiſon proche de l'Aſcendant, le ſignifie puiſſant en authorité, illuſtre en negociations & ambaſſa-
des, ferme, prudent & quelquefois ſevere & imperieux.

Et pour ce qui regarde la bone
intelligence dans le mariage: les
conjectures s'en tirent auſſi des
mêmes ſignificateurs en cette ſorte.

Le Soleil en favorable aſpect
de l'Aſcendant, & dans les dignitez de Mercure ſon diſpoſiteur: la denote parfaite & de longue durée. Le ſeblable ſe conoiſt
encore, de l'heureuſe conjonction de la Lune Dame de l'Aſcendant, & de Iupiter Seigneur
de la ſettiéme; leſquels pour être
Planetes benins, & dans la on-

ziéme maiſon marquent de plus
une longue & reciproque amitié
acompagnée de bonté, de douceur & de complaiſance.

La méme convenance ſe pren-
droit auſſi de Saturne, diſpoſiteur de la ſeptiéme dans l'angle
d'Orient, ſi Mercure Seigneur
de l'Aſcendant, bleſſé par ſon aſpect malin n'en faiſoit aprehender le contraire.

Des Enfans.

La veritable conoiſſance du
nombre à peu prés & de la qualité des enfans, ne ſe peut avoir
raiſonablement en cette ſcience
que par la conſideration des naiſſances du mary & de la femme,
& partant n'eſtimant pas devoir
remarquer qu'en peu de paroles
ce que la bone diſpoſition de la
cinquiéme maiſon de cette figu-

re promet ſur ce ſujet du côté de
cette Illuſtre Princeſſe : i'expli-
queray les regles ſuivantes.

La Vierge en la pointe de la
cinquiéme maiſon , & Mercure
ſon diſpoſiteur , & Seigneur de
l'Aſcendant dans le meſme ſigne,
Venus, Dame en partie de la cinquiéme dans le lion , en bon aſpect de Iupiter & de la Lune Dame de l'Aſcendant , Mars en la
meſme maiſon dans un ſigne hu-
mide , & en aſpect de Venus , &
auſſi la Lune Dame de l'Aſcendant , iointe à Iupiter , & au trine
partil de Venus : denotent une
raiſonnable fecondité, & le nombre des enfans mediocre , par le
mélange de ſes divers ſignificateurs.

Et quant aux qualitez que ces
Illuſtres Enfans retiendront du
côté de leur glorieuſe mere, il
en faut tirer les conjectures des
　　　　　　　　　　　　meſmes

meſmes ſignificateurs. Car Mercure Seigneur de pointe de la cinquième maiſõ, en ſes dignités eſſentielles, dans un Angle Occidental, vîte en ſon mouvement, Seigneur du Soleil & de l'Aſcendant : les marque ſpirituels, heureux, & recommandables, Mars, en ſes dignitez eſſentielles, dans la cinquiéme, en aſpect de Venus, du Soleil, & Seigneur de la Lune & de Iupiter: vaillans, adroits, illuſtres, genereux, & magnanimes. Et Venus, Dame auſſi de la même maiſon, dans les dignitez du Soleil, au trine de Iupiter & de la Lune; beaux, honeſtes, courtois, complaiſans, & affables.

Des Voyages.

Puis que les conjectures des Voyages ſe tirent de la neuviême

maiſon , & de la troiſiême qui luy
eſt oppoſée: je chercheray, en cét
endroit, tout ce qui tombe ſous
la puiſſance de leur action , ou
qui dépend de leur bone ou mauvaiſe influence.

La neuviême , ſignifie les grans
voyages, les dignitez Eccleſiaſti-
ques , les Navigations , les Am-
baſſades & le maniment des
grandes affaires : dont il arrive
ordinairement de grands avantages dans la fortune des hommes.
De ſorte que tant par la condition d'un ſexe ſi peu convenable
à ces emplois, que par Saturne en
cette figure ſeul Seigneur de la
neuviême maiſon dans la douziéme : i'eſtime que le bon-heur de
cette Illuſtre Princeſſe eſt mediocre en ce ſujêt. Car bien que
ce Planete ſoit diſpoſiteur du milieu du Ciel, heureux par les prérogatives déja dites, & proche

de l'Angle d'Orient : Il ne laisse
pas d'estre un peu contraire aux
bons effets de ces diverses significations, soit par ses propres qualitez naturelles, soit pour se trouver dans le douziéme lieu de la
figure, maison tres infortunée.

Mais Venus dans la troisiéme
& dans le Lion signe du Soleil,
au trine de Iupiter & de la Lune
Dame de l'Ascendant, libre de
combustion & des mauvais regards de Saturne : Promet à cette Illustre persone un continuel
bon-heur dans les petits voyages,
& l'estime l'amitié & l'affectiõ de
ses freres, de ses parens & de tous
ses aliez; avec une singuliere sa-
tisfaction & une tres parfaite intelligence.

Des Infortunes.

Come le bon-heur, le repos
& le contentement de la vie,
procedent à l'égard du Ciel de
Iupiter & de Venus les plus favorables des Planettes: les mal-
heurs, les traverſes & les déplai-
firs ne ſe reconnoiſſent que de
Saturne & de Mars, les plus malins de tous les Aſtres ; de meſme
que de la douziéme, & de la ſixiéme maiſon les plus infortu-
nées de la figure. Ces malheureux indices ſe prennent encore
du mauvais eſtat des luminaires,
& du Seigneur de l'Aſcendant :
Mais plus eſſentiellement de la
Lune puiſſante en ſes influences
& tres ſenſible aux diverſes im-
preſſions des bons & mauvais
Planetes.

Conſiderant donc en la diſpoſition de cette figure les cauſes des Siniſtres effets qui peuvent en quelque façon traverſer le grand & le continuel bon-heur de cette Illuſtre Princeſſe : j'en marqueray ces Regles ſuivantes.

Les Luminaires, & les Seigneurs de l'Aſcendant loin de la douziéme & de la ſixiéme maiſon & puiſſans en cette Naiſſance, ſont abſolument contraires aux priſons, aux traverſes & aux maladies, aux mal heurs & aux baniſſemens.

Venus Dame de la Pointe de la douziéme maiſon, en la troiſiéme dans les dignitez du Soleil, loing des Rayons au trine de Iupiter & ſans mauvais regard de Saturne témoigne le ſemblable.

Mars Seigneur de la ſixiéme, en la cinquiéme, dans ſes dignitez eſſentielles, libre de combuſtion & de malin aſpect ne ſignifie que, le danger de quelques maladies aiguës.

Saturne dans la douziéme maifon, affligeant l'Afcendant par fa préfence ; & Mercure fon Seigneur par fon afpect d'inimitié : denotent un continuel empefchement, une fâcheufe triftefle, une folitude contrainte, & une obftination d'humeur contraire à foy-même. Il menace encore du peril de la prifon mais fans effet ; & comme Seigneur du milieu du Ciel, il rend quelquefois la fupreme puiffance fufpecte dans les gemeaux figne de Mercure : il doit faire aprehender la malice des envieux les artifices des ennemis cachez, & la perfidie des hommes âgez, fuperfticieux & monaftiques. Et difpofiteur en partie de la fettiéme maifon. Il fait éclater les inimitiez & découvrant les mauvaifes volontez

des envieux, il eſſaye par fois ou
de blaſmer les meilleures actions,
ou de condamner la bonne conduite, par le pouvoir qu'il a dans
le milieu du Ciel.

Mais la Lune dans la onziéme
plene de lumiére, jointe à Iupiter au trine de Venus libre des
mauvais rayons & Dame de l'Aſ-
cendan: promet une continuelle
ſeureté dans les dangers, une per-
petuelle victoire contre les ennemis, & une heureuſe & glorieuſe fin en toutes les traverſes d'honeur & de fortune. Tellemenr
que par le ſeul bon-heur d'une ſi
belle configuration, cette Illuſtre
Princeſſe ne peut jamais avoir
que de mediocres déplaiſirs & ne
doit jamais perdre la confiance
de l'Eſpoir, d'une tres longue &
tres heureuſe vie.

Du Genre de la Mort.

Ie n'aprehende point de parler
de la mort d'une perſone dont les
éminentes vertus luy promettent
une ſeconde & plus glorieuſe vie.
Les ſignifications s'en tirent, de
la huitiéme maiſon, des luminaires, de l'Aſcendant, & de ſon
Seigneur : Mais principalement
de la Lune & du Planete qui a le
plus de pouvoir dás la huictiéme.
Mon deſſein êtant donc icy de
parler bien plus de la qualité que
du temps de la mort ; & trouvant
en cette Naiſſáce beaucoup d'influences ſur ce ſujet diverſes &
contraires : j'en feray maintenant
une curieuſe recherche pour faire voir dans le mêlange de ces variables ſignifications, autant de
douceur dans les cauſes de la fin
de cette Illuſtre Princeſſe qu'el-

le eſpreuvera de felicité dans tout le cours de ſa longue vie.

Le Soleil, l'Aſcendant, & Mercure ſon Seigneur en des ſignes doux & benins, denotent une mort naturelle & ordinaire.

Le Soleil, la Lune, Mercure, l'Aſcendant, la huitiéme maiſon, & Saturne ſon Seigneur, ſans Aſpeſt malin de Mars : démontrent le ſemblable.

Saturne Seigneur de la Pointe de la huitiéme, bleſſant par ſa preſéce l'Aſcédant, & par ſon quarré Mercure, menace de mort violente tardive & en priſon : mais foiblement, ne faiſant qu'entrer ſeulement dans le douziéme de la figure.

Mais la Lune ſur la terre, de nuit, pleine de lumiere, jointe à Iupiter, & au trine partil de Venus, libre de combuſtion & des regards de Saturne, ſans pouvoir dans la huitiéme maiſon, & Dame de l'Aſcendant: délivre abſolument de mort violente & promet infailliblement une fin douce & naturelle aprés une longue & tres heureuſe vie.

Dont nous pouvons enfin conjecturer ſans diſſimulation & ſans flaterie, que ce fâcheux effet ne peut abſolument arriver que par une longue naturelle & douce maladie, cauſée par la triſteſſe de quelques ennuis, par la foibleſſe d'un âge avancé, ou par les déplaiſirs d'une ſolitude forcée.

Des Principaux Accidens de la vie.

Ce n'eſtoit pas aſſez de cette premiere & générale conoiſſance des figures Celeſtes; la curioſité des anciens a paſſé plus avant, &

cherchant dans le mouvement
du premier Mobile la raiſon des
principaux accidens qui nous arrivent : ils ont aſſez heureuſement êtably la ſcience des directions, mais imparfaitemēt pour
les difficultez de la matiere. En
quoy certainement ils ſont excu-
ſables, comme tous ceux qui ſui-
vans leurs belles experiéces : pré-
ferent les avantages de telles pre-
dictions au blâme des legeres er-
reurs, qui par fois s'y rencon-
trent; ſoit en la production des
effets ou plus ou moins apparens,
ſoit en la juſteſſe du temps ou du
nombre prefix des années.

Leur methode a toûjours êté
de diriger les principaux ſignificateurs d'une Naiſſance, aux rayons des bons & des mauvais Plá-
netes : & de prendre pour autant
de degrez de l'Æquateur autant
d'années de la vie, ſans que la

forme de cette converſion ſoit
encore parfaitement découverte.
Et pour éviter auſſi des difficultez non moins importantes; ils
nous recomandent de verifier ou
mieux établir les Angles de la figure du Ciel : coimme i'ay fait en
la naiſſance de cette Illuſtre Princeſſe par les Directions paſſées
de l'Aſcendant à l'Antiſce de Saturne & au Sextil de Mercure,
& par celle du milieu du Ciel, à
l'Aſpect quarré de Saturne.

Puis donc que tant de ſujets
douteux & difficiles ne peuvent
empeſcher mon deſſein : je paſſeray ſans autre iuſtification au re-
cit des grandes & belles directiõs
de cette naiſſance; dont les avantageuſes promeſſes ne cedent
point aux admirables ſignifications de la figure.

Des Directions de l'Aſcendant & *du milieu du Ciel.*

Environ l'année mil ſix cens cinquante cinq ſelon la Rectification de cette naiſſance. Le milieu du Ciel venant par direction à la Lune promet à cette Illuſtre perſonne la faveur & l'amitié de quelque Reine, ou grande Princeſſe; un ſubit accroiſſement de bon-heur, & de fortune; une action Illuſtre ou voyage celebre, une grande reputation & ou renommée fort étenduë, & un nouvel éclat de merite, ou de beauté, ſuivie d'un extraordinaire aplaudiſſement de tout le monde.

Dans la troiſiéme année apres l'effet de la précedente direction le meſme ſignificateur arrivant au trine Aſpect de Venus; marque un favorable ſuccez dans les

actions & dans les affaires, des
honeſtes divertiſſemens , & a-
greables converſations avec ſes a-
mies, un accroiſſement de bon-
heur, de richeſſe & de felicité;
& plus d'Opulance, d'ornemens
& de magnificence qu'à l'ordinaire.

· Quatre ans apres le trine de
Venus l'Antiſce de Mercure ſuc-
cede, & vient au milieu du Ciel;
mais tant par la Nouveauté de
cét Aſpect que par l'incertitude
du mouvement de ce Planete je
n'aſſeure que legerement des effets de ſa Direction, ſoit en la Iuſteſſe du temps , ſoit en l'appa-
rence de ſes promeſſes, qui ſont
une augmentation de faveur , de
credit & de fortune; des actions
d'eſprit d'entendement de ſageſſe & de prudence & beaucoup de
reputation & de l'authorité dans
le monde.

Huit ans apres les effets de la
Direction du milieu du Ciel
à la Lune, Iupiter arrive; & ſe
joint au meſme ſignificateur, par
le mouvement du premier mobile : & promet alors à cette Illuſtre Princeſſe un grand & prodi-
gieux accroiſſement de bon-
heur, de fortune, de richeſſe &
d'Opulance, des grandes & nouvelles dignitez, un nouveau
rang d'honeur, des titres plus é-
levez, & une puiſſance plus qu'-
ordinaire, la faveur & les ſervices
des Roys, des Princes, des Pre-
lats, & des plus Illuſtres de la
Nobleſſe, des emplois dans les
grandes & plus importantes affaires, par la reputation de la prudence de ſon eſprir & des ſuccez
plus avantageux ſuivis de gloire
d'aprobation, & de renomée.

Dans la cinquiéme année d'a-
pres, l'Aſcendant vient aux bel-

les directions de Venus & du trine de la Lune: marquant une
heureuſe ſuite & confirmation,
des biens, des richeſſes & des pre-
cedentes felicitez, la poſſeſſion
d'une ſãté tres parfaite; un renou-
vellement des graces & des premieres beautez; un concert plus
curieux, & plus agreable en la
perſonne; des contentemens, des
ſatisfactions, & des nouvelles ré-
joüiſſances, & un amour de ſoy-
meſme, un ſoin plus particu-
lier des ornemens & finalement
un bon-heur univerſel en toutes
choſes.

Onze ans paſſez depuis les grãs
effets de la direction du milieu
du Ciel à Iupiter, le meſme ſignificateur arrive à l'Antiſce du Soleil; & peu de mois apres l'Aſcendant au quarré de Mars: la
premiére de ces directions promet à cette Illuſtre Princeſſe des
honeurs,

honeurs, de l'authorité du bon.
heur & de la reputation ; & la ſeconde la menace d'une còurte
& legére maladie, cauſée par un
ſubit accroiſſement de chaleur
dans l'excez d'une trop bonne
complexion. Mais dautant moins
dangereuſe, par le ſecours favorable de Iupiter ; le trine duquel
ſuivant d'une année le Quarré
de Mars à l'Aſcendant, outre le
retabliſſement de la premiére &
parfaite ſanté : Promet encore de
nouveaux contentemens, de
Nouvelles richeſſes, des ſuccez
avantageux & une ſinguliére
Prudence.

Dix-neuf ans apres la direction
du milieu du Ciel à Iupiter, cét
Angle vient encore au trine Aſpect du Soleil : marquant une
longue & plus heureuſe ſuite
d'honeur, de gloire, de reputatió,
& de Puiſſance. Vne continuelle

f

& plus paiſible poſſeſſion des proſperitez ; des grandeurs & des dignitez acquiſes & une augmentation de bon-heur dans le comerce de la Cour, & dans la converſation des Rois, des Reines, des Princes, & des grandes Princeſſes ; ſans que le quarré de Venus qui ſuit de quelques années puiſſe troubler en rien le cours de tant de felicitez.

Huit ans apres, le meſme ſignificateur arrive à l'oppoſition de Mars : & menace alors cette Illuſtre Princeſſe d'une grande & ſoudaine querelle dans la Cour, ou parmy les ſiens ; d'une courte & legere perte de biens, de faveur, de credit, & d'authorité ; ou de quelque diſgrace, éloignement, déplaiſirs, & autres ſemblables mal-heurs, mais de peu de durée.

Dans la ſetiéme année ſuivant

la precedente direction, le milieu du Ciel vient au trine Aſpect
de Mercure: marquant des a-
ctions d'eſprit, & de prudence,
tant dãs le maniment des affaires
publiques, que dans la conduite
des particulieres; un renouvelle-
ment de bon-heur, de puiſſance
& de reputation; & un attache-
ment plus étroit aux intrigues du
monde, ſuivy trois ans apres, de
ſuccez plus avantageux de nouveaux contentemens, de fortune
plus favorable, par le meſme ſignificateur à l'Antiſce de Venus.

Quinze ans apres les effets de
la direction du milieu du Ciel à
l'Opoſition de Mars, l'Aſcendant ſe joint au Soleil par le mouvement du premier Mobile; pro-
mettant à cette Illuſtre Princeſſe;
une tres parfaite & tres heureuſe
ſanté, de nouveaux ſujets de
Reſpect & d'admiration en ſa

perſonne, l'eſtime & l'amitié des Rois, des Princes & de la no-bleſſe; & un accroiſſement de bon-heur, de ſatisfactions & d'heritages.

Et finalement dans le cours des années vingt-ſeptiéme & trente-troiſiéme, ſuivant les meſmes effets de la direction du milieu du Ciel à l'opoſition de Mars: ce meſme ſignificateur vient au ſextil de Venus,ne marquant que de favorables ſuccez; & puis au Quarré de Mercure, ne menaçant que de legeres inimitiez, ou de querelles de peu de durée.

Des Directions de la Lune.

Dans la trentiéme année de l'âge de cette Illuſtre Princeſſe la Lune vient par direction à l'opo-ſite de Mars, ſuivant les regles les plus aprouvées; marquant alors le danger d'une legére maladie ſans peril & peut eſtre ſans effet ; par la forte conſtitution de la Lune en la figure de cette naiſſance.

A ſoixante-ſept ans ou environ, ce meſme ſignificateur arrive à la conjonction de Saturne : menaçant d'une longue & facheuſe maladie cauſée par les abõdantes humiditez du cerveau & de nature triſte froide & melãcolique. Cette direction denote encore de ſenſibles déplaiſirs, de faſcheux évenemens, de triſtes ennuis, & de nouveaux ſujets d'affliction dans les ſuccez des affaires tant generales que particulieres : mais probablement ſans ſuites dommageables à la vie & à la fortune, par la puiſſante diſpoſition de ce Planete & de toute la figure celeſte.

Et dans le cours de l'année mil

ſept cens & trois ou approchant
la Lune arrive par direction à ſon
propre quarré: marquant un danger plus apparant de grande maladie: & ſelon les plus comunes
expériences, un plus éminent peril de mort; à quoy toutesfois
mon jugement ne peut conſentir
n'eſtimant pas cette cauſe aſſez
puiſſante pour achever une ſi belle & ſi glorieuſe vie. Car la Lune
ſignificatrice de la vie en cette
Naiſſance eſt comme nous avons
dêja dit, conjointe à Iupiter, au
trine partil de Venus, loing des
Rayons du Soleil, Dame de l'Aſcendant: plene de lumiére; ſans
pouvoir en la huitiéme maiſon;
& libre des mauvais regards de
Mars & de Saturne, & ſon Aſpect quarré en cét endroit peu fa-
tal & contraire à la vie, pour eſtre
dans le ſigne des Dignitez de ce

Planete & de Iupiter : & nulle-
ment infortuné par les témoi-
gnages des malefiques. Tellemét
que fans être pouffé d'aucun def-
fein de flaterie , & fans fortir des
conoiffances de cét art, j'ofe affu-
rer que les jours de cette Illuftre
Princeffe ne feront point encore
bornez par cette direction , &
qu'allât au terme le plus éloigné,
elle épreuvera de rechef en fes
dernieres années, les belles influences du Ciel , par les heureu-
fes directions cy-deffus déja remarquées.

Que fi ie n'augmente pas cét
ouvrage, du refte des Directions
de la Lune ; de toutes celles du
Soleil ; de la partie de fortune &
des autres Planétes fignificateurs :
des Iugemens des Revolutiõs du
Soleil & des Profections Annuel-
les & de tant de ridicules & or-
dinaires fuperfluitez ; ce n'eft que

pour ménager la reputation de cette belle ſcience, tant de fois déchirée par l'imprudence des ignorans, ou par la trop ſuperſti-tieuſe curioſité des ſçavans meſ-mes.

F I N.

HVGVES DE PAGAN,

Fondateur & Premier Grand' Maître de l'Ordre des Templiers.

ENCORE que ce Heros ait pris fa Naiſſance dans l'Italie ; eſtant d'origine François, & ſorty de la maiſon de Bretagne : Nous ferons revivre ſa gloire en ce lieu, & les Eloges de ſes Vertus ſe verront parmy celles de nos fameux Capitaines. Ses Anceſtres paſſans les Alpes avec Tancred de Normandie , environ l'an mil de noſtre ſalut ; eurent part aux triomphes des Victoires remportées ſur les Sarrazins, qui furent tous chaſſez des Royaumes de Naples & de Sicile: Et par les beaux exploits qu'ils firent